Artistes | numéro **61**

BRAMANTE
ET L'ARCHITECTURE RENAISSANTE

— L'art de ressusciter
le classicisme antique

par Tatiana Sgalbiero

50MINUTES

Avec la collaboration d'Elisabeth Bruyns

BRAMANTE

- **Nom ?** Donato d'Angelo ou Donato di Pascuccio d'Antonio, dit Bramante.
- **Naissance ?** Né en 1443 ou 1444 à Monte Asdrualdo, aujourd'hui Fermignano (Italie).
- **Mort ?** Décédé le 11 avril 1514 à Rome.
- **Contexte ?** L'architecture classique de la Renaissance italienne.
- **Œuvres majeures ?**
  - Santa Maria presso San Satiro, Milan (1482)
  - Canonica de Saint-Ambroise, Milan (1492)
  - Santa Maria delle Grazie, Milan (1492)
  - Cour de Santa Maria della Pace, Milan (1500)
  - Tempietto di San Pietro in Montorio, Rome (1502)
  - Cour du Belvédère, Vatican (1506)
  - Basilique Saint-Pierre, Vatican (1506)
  - Palais Caprini, Rome (1512)

Bramante est considéré comme le père de l'architecture de la Haute Renaissance. Son apport majeur est d'avoir reconsidéré l'héritage antique et de l'avoir adapté aux besoins de son époque. S'inscrivant ainsi pleinement dans la démarche des humanistes de la Renaissance, il initie un nouveau langage architectural qui conjugue Antiquité et christianisme.

L'influence de Bramante sur les constructions du XVIe siècle est considérable. Ses projets architecturaux trouvent un écho dans l'ensemble des réalisations de ses contemporains et de ses successeurs. Admiré de tous, il est considéré, dès son vivant, comme un modèle à suivre. Il travaille d'ailleurs pour les plus grandes cours européennes, et chacune d'entre elles lui apporte des ingrédients particuliers qui participent à l'élaboration d'un style original. Les Montefeltro à Urbino, puis les Sforza à Milan et, enfin, le pape Jules II (1443-1513) à Rome n'hésitent pas à lui confier les plus grands chantiers de leur région. Bramante collabore ainsi à l'élaboration du palais ducal d'Urbino, du palais de la Podestà à Bergame, du château des Sforza à Milan, et bien d'autres encore. Au service de Jules II, il travaille à la reconstruction de la basilique Saint-Pierre, participant ainsi à l'avènement d'une nouvelle Rome, pleinement consciente de son passé mais aussi tournée vers l'avenir.

CONTEXTE

LA RENAISSANCE ITALIENNE

La Renaissance est un mouvement de renouveau artistique et culturel qui naît en Italie au XVe siècle, d'abord à Florence, puis dans les autres villes italiennes, avant de se répandre à l'ensemble de l'Europe au XVIe siècle. Elle se caractérise notamment par la redécouverte de l'Antiquité et la revalorisation du savoir en général.

Dès la fin du XIVe siècle, des érudits florentins entreprennent l'étude des textes des auteurs grecs et latins, inaugurant ainsi le mouvement humaniste. Délaissant les écrits christianisés au cours du Moyen Âge et réapprenant le grec ancien, ils entendent retourner aux manuscrits originaux, ce qui leur permet de s'ouvrir à tout un pan de l'Antiquité jusqu'alors négligé, dans lequel les écrivains et les artistes trouveront une nouvelle source d'inspiration pour leurs œuvres.

La naissance de l'imprimerie au XVe siècle permet par ailleurs la diffusion des connaissances à une plus grande échelle. Les textes et les idées franchissent désormais les frontières, le savoir devient accessible à un plus grand nombre et plus rapidement. C'est aussi au cours de cette période que l'individu prend de plus en plus d'importance. L'humanisme met l'homme au centre de ses préoccupations et fait preuve d'une foi nouvelle en l'humanité, capable de progrès. Dans le domaine des arts, cela se traduit par un intérêt grandissant pour la représentation des corps et de l'espace, notamment grâce à l'étude des proportions et de la perspective. Cette évolution engendre aussi un changement du statut de l'artiste, qui est dorénavant reconnu en tant que tel : il signe ses œuvres de son nom et n'est plus considéré comme un simple artisan. En outre, le développement considérable du mécénat lui permet de réaliser de nombreuses commandes et d'acquérir du prestige.

LES CITÉS-ÉTATS ITALIENNES

Au XVe siècle, l'Italie se compose d'une multitude de cités-États (le pays ne sera unifié qu'en 1870). Parmi elles, Urbino, Milan et Rome : trois villes marquées de l'empreinte de Bramante.

Urbino, capitale du duché du même nom, s'impose comme un centre scientifique et militaire majeur de la Renaissance italienne. Les Montefeltro dirigent la ville depuis le XIIe siècle, et c'est sous les règnes de Federico III (1422-1482) et de son fils Guidobaldo (1472-1508) qu'elle connaît sa période la plus florissante. À cette époque, de nombreux savants, philosophes et artistes, dont le célèbre peintre Piero Della Francesca (vers 1416-1492), fréquentent la cour d'Urbino qui devient dès lors un centre humaniste de grande importance. Les Montefeltro perdent leur hégémonie au XVIe siècle, au profit de la famille Della Rovere.

Milan est la capitale d'un riche duché fondé par les Visconti et gouverné par la famille Sforza à partir de 1450. La cité milanaise est elle aussi un centre important de la Renaissance, surtout sous la gouvernance de Ludovic Sforza (1452-1508). À cette époque, Milan connaît en effet une période de grande prospérité politique, économique et culturelle. Ludovic Sforza développe davantage les recherches scientifiques et les divertissements que les arts, ceux-ci ne l'intéressant que pour légitimer sa puissance. Son objectif est de créer une nouvelle Athènes qui rassemblerait les plus grands penseurs et artistes de son temps afin de pouvoir se glorifier auprès des autres cités italiennes. Mais rapidement, il éprouve des difficultés à conserver le pouvoir sur son duché. En 1500, il est finalement livré aux Français par ses mercenaires (qu'il n'a pas payés), lors de la bataille de Novare, et emprisonné à Loches, en France, où il meurt en 1508.

Quant à Rome, elle est, tout au long de la seconde moitié du XVe siècle, en conflit avec Florence : la cité papale tente par tous les moyens d'étendre son autorité sur la Toscane, en vain. Au début du XVIe siècle, elle connaît un important développement culturel et supplante la cité florentine comme principal centre artistique italien. Sixte IV (1414-1484) ouvre la voie en intriguant contre Florence et en lançant le projet de la chapelle Sixtine. Il s'agit de la grande époque du mécénat romain, et une véritable fièvre constructrice s'empare de la Ville éternelle. Jules II (1443-1513), l'acteur majeur de ce renouveau, fait venir à Rome les plus grands peintres, sculpteurs et architectes de l'époque (Bramante ; Michel-Ange, 1475-1564 ; Raphaël, 1483-1520, etc.), lui rendant ainsi son statut de ville d'art. Son successeur, Léon X (1475-1521), s'inscrit dans la même dynamique et accroît encore son prestige.

LES GUERRES D'ITALIE

Les guerres d'Italie se déroulent entre 1494 et 1559, et trouvent leur origine dans l'ambition des rois de France de récupérer leurs territoires en Italie. Le roi de Naples, René d'Anjou (1409-1480), meurt en 1480 sans héritier et lègue ses biens au futur roi de France, Charles VIII (1470-1498). En 1494-1495, ce dernier, désireux de faire valoir ses droits, lance la première guerre d'Italie, au cours de laquelle il récupère le royaume de Naples, qu'il perd cependant rapidement. En 1499, Louis XII (1462-1515) s'empare quant à lui du Milanais et reprend Naples. Mais la France perd à nouveau ces territoires et ce n'est qu'en 1515, suite à la bataille de Marignan, que François Ier (1494-1547) parvient à récupérer le duché de Milan. Après une accalmie de quelques années, Charles Quint (1500-1558) s'oppose à son tour à la France et, en 1519, annexe le duché de Milan, puis conquiert le reste de l'Italie, allant jusqu'à Rome, mise à sac en 1527. Le conflit opposant François Ier et Charles Quint puis leurs successeurs respectifs ne prend fin qu'en 1559.

BRAMANTE AVANT L'ARCHITECTURE

Peu d'informations sur la vie de Bramante avant qu'il devienne architecte nous sont parvenues. Ce n'est qu'à partir de 1477 que l'on trouve des renseignements plus abondants et plus fiables.

Bramante naît en 1443 ou 1444 dans une famille modeste, d'un père fermier. Il est probablement initié à la peinture par Fra Carnevale (mort en 1484) à Urbino, où il fréquente également de grands artistes de la Renaissance. Se formant à l'utilisation de la perspective et des mathématiques dans la création d'espaces à la cour d'Urbino, il se consacre dans un premier temps à la peinture en trompe-l'œil et à la décoration architecturale. C'est à cette période qu'il participe à la fresque des *Philosophes* (1477) sur la façade du palais de la Podestà de Bergame, à la décoration de la casa Panigarola-Prinetti, dont est issue sa fresque représentant *Héraclite et Démocrite* (vers 1480), et qu'il peint *Le Christ à la Colonne* (vers 1490) dans l'abbaye de Chiaravalle.

Dès 1475-1476, le duc Federico III le remarque et lui confie l'étude des projets architecturaux de son cabinet dans le palais ducal. Bramante n'achèvera cependant jamais ce travail. Il participe probablement aussi à d'autres projets architecturaux en cours à Urbino, dont peut-être l'église de San Bernardino degli Zoccolanti. Il quitte ensuite son duché natal, probablement en 1477, pour se rendre à Milan où les mécènes sont, lui semble-t-il, plus généreux. En route, il fait vraisemblablement halte à Florence, Mantoue et Ferrare, où il découvre les œuvres des architectes Filippo Brunelleschi (1377-1446) et Leon Battista Alberti (1404-1472).

LA PÉRIODE MILANAISE

Il s'installe à Milan à la fin des années 1470 et se tourne vers l'architecture. Il se lie également d'amitié sincère avec Léonard de Vinci (1452-1519), présent à la cour de Milan à la même époque. Il collabore d'ailleurs avec ce dernier au projet de la tour située à la croisée du transept de la cathédrale de Milan. Mais malgré tous les espoirs qu'il avait placés en la cour milanaise, Bramante ne reçoit que peu de commandes de Ludovic Sforza. En outre, il ne parvient pas non plus à se faire reconnaître par la corporation des constructeurs qui a alors la mainmise sur l'ensemble du secteur à Milan. Cependant, il participe tout de même à différents projets, notamment avec le sculpteur Giovanni Antonio Amadeo (1447-1522). En 1482, il réalise le chœur de l'église Santa Maria presso San Satiro. Mais parmi les chantiers auxquels il prend part, le plus important est sans conteste la reconstruction de la cathédrale de Pavie, dont l'évêque, Ascagne Sforza (1445-1505), n'est autre que le frère du duc de Milan. En 1488, il en redessine les plans, alors que Giovanni Antonio Amadeo travaillait déjà à ce projet depuis deux ans.

Dans les années qui suivent, Ludovic Sforza confie à Bramante diverses missions dont la cour de San Ambrogio et la tribune de l'église Santa Maria delle Grazie (1492) que le duc envisage comme un mausolée.

LA GLOIRE ROMAINE

Vers 1500, suite à la chute des Sforza, Bramante quitte Milan pour Rome. Ce n'est qu'à ce moment que sa carrière prend son véritable essor. Il est alors âgé de 56 ans.

Dès son arrivée dans la cité papale, il se consacre entièrement, selon Giorgio Vasari (1511-1574), le biographe des artistes de la Renaissance, à l'étude de l'Antiquité. S'il ne la connaissait jusque-là que de manière indirecte, il peut désormais s'y confronter sans détour, tant à Rome qu'à Naples et Tivoli, où il effectue quelques voyages.

Rapidement, il reçoit des commandes très variées de la part du pape Alexandre VI (1431-1503) qui le charge notamment de peindre ses armes sur le portail de Saint-Jean de Latran, de créer des fontaines et peut-être même, selon Vasari, de participer au plan du palais du cardinal Riario (1461-1521). C'est aussi à cette période, en 1502, que l'artiste conçoit le Tempietto di San Pietro in Montorio. Lorsque Jules II est élu pape en octobre 1503, Bramante, qui a l'avantage d'avoir déjà travaillé pour ses proches – dont son cousin, le cardinal Riario, et son confident, le cardinal Ascagne Sforza –, parvient à s'imposer en tant qu'architecte officiel du Vatican. Dès lors, les commandes de Jules II affluent. En 1506, ce dernier lui confie notamment la reconstruction de la basilique Saint-Pierre et la conception de la cour du Belvédère. Mais à côté de ces prestigieux projets, Bramante réalise également les plans de nombreux bâtiments à Rome (par exemple le chœur de Santa Maria del Popolo, 1509) et dans d'autres villes italiennes (Loreto, Viterbo, Civitavecchia, etc.) qui feront sa renommée. À sa mort, le 11 avril 1514, ses funérailles sont organisées à Saint-Pierre.

CARACTÉRISTIQUES

BRAMANTE PEINTRE

Si Bramante reçoit d'abord une formation de peintre, il aborde toutefois d'emblée le domaine de l'architecture à travers sa peinture. Plusieurs œuvres conservées lui sont attribuées. Les plus célèbres sont les fresques réalisées à la casa Panigarola à Milan, *Le Christ à la Colonne* de l'abbaye de Chiaravalle et *L'Argos* (1490-1493) du château Sforza.

La cour d'Urbino joue un rôle important dans l'élaboration du style pictural de Bramante. Il a en effet l'occasion de s'y confronter à de nombreux artistes alors appréciés, d'étudier leurs œuvres et de se former auprès d'eux. Ainsi, il s'instruit probablement auprès de Piero Della Francesca, d'Andrea Mantegna (1431-1506) et de Melozzo Da Forlì (1438-1494), dont les travaux sur la perspective et l'intérêt pour l'Antiquité marqueront fortement son style, tant en peinture qu'en architecture.

En tant que peintre, Bramante a à cœur de représenter des espaces étendus et d'en appeler à la capacité d'imagination du spectateur pour prolonger ses représentations. Intégrant les règles de la perspective linéaire, il crée des compositions structurées, unifiées et équilibrées. Il se démarque également par son utilisation du trompe-l'œil, qui lui permet de faire jaillir certains personnages ou certains éléments hors de ses compositions. Le chœur de Santa Maria presso San Satiro démontre sa grande maîtrise de cette technique : il parvient à donner l'illusion par la peinture d'un véritable volume là où il n'y a en réalité qu'un mur.

LE STYLE LOMBARD

C'est à partir de sa période milanaise que Bramante établit une distinction nette entre son travail de peintre et l'architecture. Il délaisse alors totalement la peinture au profit de projets architecturaux de plus en plus nombreux et importants.

Cherchant à se faire apprécier d'éventuels mécènes, il adopte les manières à la mode dans la région et développe un style aux caractéristiques lombardes. Celui-ci se caractérise par l'exubérance des décorations et l'influence du gothique, notamment en ce qui concerne la correspondance entre l'apparence extérieure des bâtiments et leur agencement intérieur. Ses projets architecturaux pour Santa Maria presso San Satiro, à Milan, ainsi que pour la tribune et le chœur de Santa Maria delle Grazie, à Milan également, en témoignent. Aussi les colonnes-troncs, avec des moignons de branches, du cloître de San Ambrogio (1492) démontrent-elles particulièrement bien son attention aux détails décoratifs.

LE GOTHIQUE

L'art gothique se développe en Europe entre le XIIe et le XVIe siècle. Créé sous l'impulsion de l'abbé Suger (vers 1081-1151) pour l'abbaye Saint-Denis à Paris, il exprime le nouvel élan religieux des populations à cette époque. En architecture, l'esthétique gothique se traduit par la verticalité des constructions, ainsi que par l'utilisation fréquente de la croisée d'ogives, des contreforts et des arcs-boutants, qui soutiennent des murs de plus en plus élevés et creusés par de hautes fenêtres ou des rosaces inondant de lumière l'intérieur des édifices.

Mais, dès cette époque, les constructions de Bramante se distinguent par quelques caractéristiques propres qui lui assurent un succès certain. Dans l'ensemble de ses projets, il privilégie le plan central (plan massé autour d'un point central par lequel passent les différents axes de l'édifice, qui peut par ailleurs présenter différentes formes), comme en témoigne déjà l'église Santa Maria delle Grazie, à Milan, ainsi que l'ampleur des espaces et le respect des proportions. Ces particularités seront pleinement développées dans ses créations romaines. Toutefois, les colonnes de San Ambrogio, en pierre et non en bois, prouvent qu'il a déjà acquis une certaine compréhension de l'architecture antique et des principes énoncés par l'architecte romain Vitruve (Ier siècle av. J.-C.).

LE RENOUVEAU CLASSIQUE

Ce n'est que lorsqu'il arrive à Rome que Bramante découvre concrètement les principes de l'art de l'Antiquité. Son observation minutieuse des ruines visibles lui permet en effet de prendre la pleine mesure des techniques et du style des constructions antiques. Il répercute alors toutes ses découvertes sur ses créations, qui se distinguent désormais essentiellement par leur monumentalité et leur respect des normes dites classiques. Ses œuvres romaines sont ainsi considérées comme l'apothéose de l'architecture renaissante. Elles correspondent parfaitement aux idées de Jules II, à son ambition de grandeur et de restauration de la Rome impériale.

Comme par le passé, Bramante continue à recourir au registre formel antique, mais il le fait avec une plus grande rigueur, au point de surpasser l'exemple des Anciens. Désormais, les proportions de ses constructions sont parfaites, comme le prouve le Tempietto di San Pietro in Montorio. Aussi ne cherche-t-il pas seulement à concevoir un bâtiment, mais pense-t-il à l'ensemble que forment ce bâtiment et le cadre dans lequel il s'inscrit. On décèle chez lui une véritable recherche de mise en scène des constructions. Le Nymphée de Genazzano (1508-1509) montre particulièrement bien cette volonté de l'architecte d'insérer ses créations dans un ensemble plus vaste. Il recrée ici une sorte de cadre antique idéal comprenant tous les éléments antiquisants nécessaires pour un effet optimal. Enfin, abandonnant les motifs décoratifs géométriques, les rosaces ou autres figures typiques du style lombard, Bramante marque claire-ment sa préférence pour une certaine sobriété décorative, afin de donner à ses édifices un aspect plus majestueux.

HÉRACLITE ET DÉMOCRITE

Héraclite et Démocrite, vers 1480, fresque, 102 x 127 cm, Milan, pinacothèque de Brera.

Ce fragment provient d'un cycle de huit fresques peintes dans la casa Panigarola, à Milan, dans le dernier quart du XVe siècle. Cette maison appartient à l'époque à Gaspard Visconti (1461-1499), courtisan et conseiller du duc de Milan.

Il décorait à l'origine un panneau situé au-dessus d'une des portes de la demeure. Dans la pièce d'où il provient se trouvait également une série de niches comportant des fresques d'hommes armés. Ce morceau a pu être récupéré, transposé sur une toile et conservé à la pinacothèque de Brera. Il représente les portraits en buste des philosophes grecs Héraclite (vers 550-480 av. J.-C.) et Démocrite (vers 460-370 av. J.-C.), assis autour d'une table couverte de livres et séparés par la représentation de la Terre. Le premier pleure tandis que le second rit. Ils incarneraient ainsi les deux pôles mentaux à partir desquels l'existence peut être considérée, ainsi que l'idée qu'il faut être capable de se situer entre ces deux états afin d'avoir une vision claire et objective des choses.

On trouve déjà en germes toutes les caractéristiques des œuvres architecturales romaines de Bramante. Son intérêt pour l'Antiquité se manifeste à travers le sujet lui-même de la fresque. Les figures sont grandes, ce qui confère à la représentation une certaine monumentalité, encore accentuée par la présence de la Terre entre les deux penseurs. Aussi la vivacité des couleurs donne-t-elle une certaine dynamique à l'ensemble. Celle-ci est par ailleurs renforcée par l'utilisation de la perspective et du trompe-l'œil qui donnent l'impression que les éléments se détachent complètement du fond pour entrer dans notre propre dimension. La frise qui court sur le mur à l'arrière-plan a quant à elle pour effet d'accentuer l'illusion réaliste.

Cependant, on remarque encore l'influence des prédécesseurs de Bramante. La linéarité des drapés des personnages est typique du style de Mantegna, de même que le décor antiquisant à l'arrière-plan. Enfin, les détails décoratifs abondent, comme le veut la mode lombarde, notamment dans la frise.

LE CHŒUR DE SANTA MARIA PRESSO SAN SATIRO

Le chœur de Santa Maria presso San Satiro, 1482, Milan.

À la fin des années 1470, Bramante se voit confier la reconstruction de la chapelle Santa Maria presso San Satiro, dédiée à sainte
Marie et située à côté de l'église San Satiro. Il s'agit probablement
de sa première réalisation architecturale. S'il semble que les travaux
commencent dès 1478, aucun document officiel ne mentionne cependant la participation de Bramante à ce projet avant 1482.

Le choeur de la chapelle constitue un véritable exploit. Depuis la nef,
il donne l'impression d'être profond de plusieurs mètres. Or il n'en est
rien, puisqu'il ne mesure que quelques centimètres ! L'église, qui semble

présenter un plan cruciforme, est en réalité construite selon un plan en T. Bramante exécute alors, dans le chevet (extrémité du chœur) plat, un ensemble de stucs peints avec une perspective parfaitement illusionniste : le chœur semble ainsi comporter des niches encadrées de piliers et une voûte à caissons. Il témoigne incontestablement de l'attrait de Bramante pour l'architecture dès ses débuts en peinture.

La profusion d'éléments décoratifs est typique de l'art lombard. Ils permettent à l'artiste, dans ce cas précis, de masquer les véritables formes du lieu. Les décors foisonnent d'ailleurs dans l'ensemble de la chapelle, particulièrement dans le baptistère octogonal où la structure disparaît sous la profusion des ornements. Cependant, l'extérieur atteste quant à lui d'une influence florentine. Bramante propose un bâtiment à trois niveaux dont la structure rappelle celle proposée par Filippo Brunelleschi pour la chapelle Portinari (1462-1468).

La chapelle Santa Maria presso San Satiro vue depuis le nord, 1482, Milan. À l'avant-plan se trouve la sacristie et, à l'arrière-plan, la croisée du transept surmontée d'un tambour couronné d'un lanterneau.

LE PALAIS CAPRINI

Le palais Caprini, vers 1512, Rome (gravure d'Antoine Lafréry datant du XVIe siècle).

À Rome, dans les premières années du XVe siècle, peut-être vers 1512, Bramante se voit confier la réalisation d'un palais urbain pour Adriano de Caprinis. La maison est ensuite rachetée en 1517 par Raphaël, d'où sa double appellation : palais Caprini ou maison de Raphaël. Elle a malheureusement été détruite lors de travaux urbains au XVIIe siècle et ne nous est connue qu'à travers des gravures et des dessins. Ce palais a beaucoup influencé les architectes des siècles suivants, notamment Andrea Palladio (1508-1580).

En regard des réalisations précédentes de Bramante, ce palais révèle une plus grande attention à la monumentalité, et témoigne particulièrement bien de l'intérêt de l'artiste pour l'architecture antique ainsi que du développement de son classicisme. Il s'inspire ici des *insulae* (immeubles à appartements) antiques : le rez-de-chaussée est censé abriter des boutiques, tandis que les étages sont destinés à accueillir des appartements à vivre. La différence de style entre les deux étages permet de distinguer clairement les deux fonctions de l'immeuble.

L'agencement extérieur de la façade montre la grande sobriété du projet de Bramante. La décoration se limite à un bossage plat au rez-de-chaussée, des colonnes doubles et quelques balustres à l'étage. Même la frise dorique située sous la corniche reste vierge. En outre, l'organisation des éléments est très stricte : les cinq ouvertures du rez-de-chaussée sont juxtaposées, tandis qu'au *piano nobile* (étage noble), elles alternent de manière régulière avec les colonnes. Ce sens des proportions et de l'ordre confère à l'ensemble une symétrie et un équilibre impressionnants.

LE TEMPIETTO DI SAN PIETRO IN MONTORIO

Le Tempietto di San Pietro in Montorio, après 1502, Rome.

Ce petit temple est édifié après 1502 en l'honneur de saint Pierre, à l'endroit supposé où le saint a été crucifié, à la demande du cardinal Bernadino de Carvajal (1456-1523) pour le roi d'Espagne. Il montre que Bramante comprend et maîtrise désormais parfaitement l'architecture antique. Sa forme s'inspire directement des temples antiques, probablement de l'exemple de Tivoli ou du temple chrétien de Santa Maria ad Martyres, qui est à l'origine de la plupart des temples circulaires du XVIe siècle. Il présente la forme d'une *cella* (salle principale du sanctuaire) ronde, ceinturée d'une colonnade circulaire, le tout couronné d'un dôme. Situé aujourd'hui dans une cour carrée, le Tempietto aurait normalement dû se trouver au centre d'une cour circulaire.

Cet édifice exemplaire du classicisme de Bramante démontre l'incroyable compétence de l'architecte en matière de respect des proportions. Les colonnes extérieures sont projetées en pilastres sur le mur externe de la *cella*, et ces pilastres présentent les mêmes dimensions que les colonnes tout en étant moins espacés que celles-ci, ce qui donne l'illusion d'une projection parfaite. Aussi Bramante enfonce-t-il les encadrements des ouvertures dans le mur extérieur, afin de donner un meilleur rendu visuel du respect des proportions et du principe de symétrie. En ce sens, il va plus loin que les architectes antiques, proposant des jeux de proportions idéales, tant en ce qui concerne les rapports entre colonnes et pilastres qu'entre le bâtiment et la cour ronde qui aurait dû l'accueillir. En outre, la présence de quatre frises doriques concentriques sur un support rond, au niveau du couronnement horizontal de la colonnade extérieure, suppose des calculs préalables détaillés et une étude approfondie de la conception de l'édifice.

Enfin, notons que les plans publiés par Serlio (1475-1554) en 1540 permettent de constater que Bramante avait conçu un projet d'ensemble, et pas seulement un édifice. Aujourd'hui, les trois marches sur lesquelles s'appuient le Tempietto et le dallage circulaire qui l'entoure donnent encore un aperçu du projet initial.

LA COUR DU BELVÉDÈRE

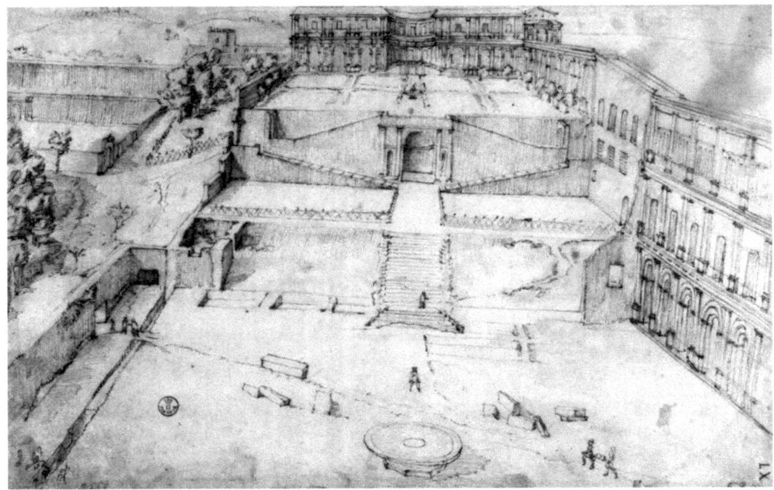

La cour du Belvédère selon les projets de Bramante, 1506, Vatican (dessin de Giovanni Antonio Dosio, 1558-1561).

En 1506, Jules II confie à Bramante plusieurs projets dans l'enceinte du Vatican. Les plus importants sont la réalisation de la cour du Belvédère et la reconstruction de la basilique Saint-Pierre. Il est possible de se faire une idée des projets initiaux de ces chantiers grâce à des gravures, des médailles et des dessins réalisés par les contemporains ou les suiveurs directs de Bramante.

La cour du Belvédère est destinée à relier le palais papal au Belvédère, une villa située 250 m plus loin. Bramante conçoit un espace rectangulaire, fermé par une exèdre semi-circulaire, qui se divise en deux parties, séparées par des rampes et des escaliers. Les bâtiments qui entourent la cour sont pourvus de trois étages où se superposent, dans le respect des règles antiques, les ordres architecturaux classiques (dorique, ionique et corinthien). Au sommet de chacun d'eux, une *loggia* ouverte surplombe les bâtiments. De nombreuses niches et arcades jalonnent les pans de murs, selon des règles de proportionnalité toujours très strictes. Bramante s'inspire ici du Colisée. L'ensemble est achevé et remanié au XVIe siècle, notamment par Pirro Ligorio (1510-1583), vers 1565, puis par Domenico Fontana (1543-1607), en 1587-1588. Ceux-ci ajoutent un étage à l'aile de la terrasse supérieure, ainsi qu'une nouvelle aile (pour la bibliothèque du Vatican) qui scinde la cour en son milieu, rompant ainsi l'ouverture de l'espace.

LA BASILIQUE SAINT-PIERRE

Dès le XVe siècle, la basilique Saint-Pierre élevée sous le règne de l'empereur romain Constantin (entre 270 et 288-337) à l'endroit où les pèlerins venaient honorer saint Pierre tombe en ruines. Le pape Nicolas V (1397-1455) entreprend la reconstruction du chœur, mais les travaux sont abandonnés. Ce n'est que lorsque Jules II est élu que les travaux reprennent : on détruit l'ancienne basilique pour la reconstruire entièrement. Bramante est alors chargé du chantier et y consacre les dernières années de sa vie. Cependant, aucune trace écrite n'a été conservée du projet initial de l'architecte. On peut néanmoins s'en faire une idée grâce au médaillon commémoratif de la fondation de la basilique (1506). Il semble que Bramante ait conçu un plan en croix grecque, avec un dôme central. La fresque de *L'École d'Athènes* (1509-1512), réalisée par Raphaël pour l'intérieur de Saint-Pierre, serait par ailleurs inspirée du décor originellement conçu par Bramante.

L'artiste débute les travaux en 1506, mais il ne les achèvera jamais. Il fait seulement bâtir les quatre piliers centraux destinés à soutenir le dôme, en quinconce. Ceux-ci, intégrés dans la maçonnerie ajoutée par Michel-Ange 50 ans plus tard, ont conditionné tous les développements ultérieurs de la basilique. Bramante a dû tenir compte de nombreux éléments, dont la taille des espaces, qui devaient être suffisamment grands pour accueillir de nombreux pèlerins, ou encore la mise en valeur du sépulcre de saint Pierre.

De nombreux architectes lui succèdent sur le chantier de la basilique Saint-Pierre : Raphaël et Baldassare Peruzzi (1481-1537), puis Antonio da Sangallo le Jeune (1484-1546), Michel-Ange, Giacomo Della Porta (1533-1602), Domenico Fontana (1543-1607) et, enfin, Carlo Maderno (1556-1629). Chacun a repris le plan initial et y a apporté sa contribution. Michel-Ange a prôné un retour aux idées originales de Bramante tandis que Carlo Maderno est l'auteur des nombreuses modifications qui ont donné à Saint-Pierre son aspect actuel.

La basilique Saint-Pierre aujourd'hui, 1506-1626, Vatican.

LES CHEFS D'ŒUVRES DE LA BASILIQUE

La basilique Saint-Pierre abrite de nombreuses créations des plus grands artistes de la Renaissance. Parmi celles-ci se trouve notamment la *Pietà* (vers 1499), une œuvre de jeunesse de Michel-Ange. Le maître-autel est surmonté d'un baldaquin en bronze doté de colonnes torses réalisé par le Bernin (1598-1680), qui est également l'auteur de plusieurs sculptures et statues ornant la basilique. Aussi de nombreux monuments funéraires sont-ils disséminés au sein de l'édifice.

BRAMANTE, UNE SOURCE D'INSPIRATION

Nombreux sont ceux qui, déjà de son vivant, considèrent Bramante comme celui qui a fait renaître le classicisme antique en architecture. Il collabore avec beaucoup d'artistes de son temps, sur qui il exerce une profonde influence : Michele Sanmicheli (1484-1559), Jacopo Sansovino (1486-1570) ou encore Giulio Romano (1499-1546), qui diffuseront son style dans l'ensemble de l'Italie, puis en Europe dès les années 1520.

Parmi ses continuateurs, citons également le peintre et architecte Bartolomeo Suardi (1465-1530), dit Bramantino, qui fut probablement son élève, comme semble le suggérer son surnom, lors de sa période milanaise. Celui-ci a ensuite rejoint son maître à Rome en 1508-1509, où il a intégré l'équipe d'un autre élève de Bramante, Baldassare Peruzzi, qui s'occupait alors de la décoration des chambres vaticanes. Son style, au début, est si proche de celui de son maître qu'une de ses œuvres peintes, *Le Christ ressuscité* (vers 1490), a d'abord été attribuée à Bramante avant de lui être restituée.

BRAMANTINO, *Le Christ ressuscité*, vers 1490, huile sur toile, 109 x 75 cm, Madrid, musée Thyssen-Bornemisza.

Quant à Baldassare Peruzzi, il doit également énormément à Bramante. Dans ses décors des salles de la villa Farnésine (1510-1511), il développe un espace feint avec une utilisation du trompe-l'œil digne de son maître.

Par ailleurs, Raphaël est désigné par Bramante lui-même comme son digne successeur, notamment pour les travaux de la basilique Saint-Pierre. Il est possible que ce soit Bramante qui ait fait venir le peintre à Rome en 1508 et on sait qu'ils travaillent ensemble à partir de 1509. *L'École d'Athènes* témoigne d'ailleurs clairement de l'influence de Bramante sur le peintre. Le sujet de l'œuvre et la perspective utilisée font incontestablement écho aux créations de l'architecte et à son style illusionniste. Aussi les deux artistes ont-ils un parcours similaire, avec des débuts en peinture avant de passer à l'architecture, ce qui a pu les rapprocher.

RAPHAËL, *L'École d'Athènes*, 1509-1512, fresque, 500 x 770 cm, Vatican, basilique Saint-Pierre.

De manière générale, le plan en croix surmonté d'un dôme, très prisé par Bramante dans ses églises, est presque devenu une norme en architecture religieuse. La plupart des églises italiennes du XVIe siècle sont construites suivant cette structure. L'architecte Andrea Palladio reprend même cette configuration dans ses villas, qui présentent un plan centré avec une coupole à la croisée des ailes du bâtiment, comme l'illustre sa célèbre villa Rotonda (1566-1571).

PALLADIO, la villa Rotonda, 1566-1571, Vicence.

Enfin, les plans de Bramante pour le palais Caprini ont également fortement influencé ceux de nombreux palais italiens du XVIe siècle. Le palazzo Branconino dell'Aquila de Raphaël (1519) et le palazzo Massimo de Baldassare Peruzzi (1532) ne sont que deux exemples parmi tant d'autres de cette influence. Ils présentent la même disposition et le même style que le palais créé par Bramante. C'est donc l'ensemble des artistes de son temps que ce dernier a marqués.

EN RÉSUMÉ

- Bramante naît dans une famille modeste en 1443-1444. Il reçoit une première formation à la cour d'Urbino, où il s'initie à la peinture, et plus particulièrement à la perspective et à la technique du trompe-l'œil, aux côtés de Fra Carnevale, Piero Della Francesca ou encore Andrea Mantegna.

- À la fin des années 1470, l'artiste s'installe à Milan et se tourne vers l'architecture. Bien qu'il développe un style aux caractéristiques lombardes, mêlant foisonnement décoratif et principes architecturaux gothiques, il ne reçoit que peu de commandes. Parmi elles, le chœur de Santa Maria presso San Satiro est un véritable chef-d'œuvre de « peinture architecturale ». Bramante parvient à donner l'illusion d'un véritable volume là où il n'y a en réalité qu'un mur.

- Cependant, tout en s'adaptant à la mode de la région, il développe déjà quelques particularités qui feront sa renommée, dont le fameux plan central, ainsi que l'ampleur des espaces et le respect des proportions.

- À la chute des Sforza, en 1500, Bramante quitte Milan et se rend à Rome, où il devient l'architecte officiel du Vatican. Jules II lui confie alors un grand nombre de projets, dont la réalisation de la cour du Belvédère et la reconstruction de la basilique Saint-Pierre.

- Découvrant concrètement l'art de l'Antiquité, il répercute toutes ses découvertes sur ses créations, qui se distinguent désormais essentiellement par leur monumentalité et leur respect des normes dites classiques. Ses œuvres romaines sont ainsi considérées comme l'apothéose de l'architecture renaissante.

POUR ALLER PLUS LOIN

SOURCES BIBLIOGRAPHIQUES

- Borsi (Franco), *Bramante*, Milan, Electa, 1989.
- Bruschi (Arnaldo), *Bramante*, Londres, Thames et Hudson, 1977.
- Collectif, *Bramante*, Florence, Electa, 1954.
- Davies (Paul) et Hemsoll (David), « Bramante, Donato », in Turner (Jane), *Dictionary of Art*, volume 4, Londres, Macmillan Publishers, 1996.
- Dell'Acqua (Gian Alberto), *L'Opera completa di Bramantino e Bramante pittore*, Milan, Rizzoli, 1978.
- Millon (Henry) et Lampugnani (Vittorio), *Architecture de la Renaissance italienne de Brunelleschi à Michel-Ange*, Paris, Flammarion, 1995.
- Murray (Linda), *La Haute Renaissance et le maniérisme. L'Italie, le Nord et l'Espagne. 1500-1600*, Paris, Thames et Hudson, 1995.
- Murray (Peter), *L'Architecture de la Renaissance italienne*, Paris, Thames et Hudson, 1990.
- Sutton (Ian), *L'Architecture occidentale de la Grèce antique à nos jours*, Paris, Thames et Hudson, 2001.

SOURCES ICONOGRAPHIQUES

- Bramante, *Héraclite et Démocrite*, vers 1480, fresque, 102 x 127 cm, Milan, pinacothèque de Brera. La photo reproduite est réputée libre de droits.
- Bramante, la chapelle Santa Maria presso San Satiro, 1482, Milan. La photo reproduite est réputée libre de droits.
- Bramante, le chœur de Santa Maria presso San Satiro, 1482, Milan. La photo reproduite est réputée libre de droits.

- BRAMANTE, le Tempietto di San Pietro in Montorio, après 1502, Rome. La photo reproduite est réputée libre de droits.
- BRAMANTINO, *Le Christ ressuscité*, vers 1490, huile sur toile, 109 x 75 cm, Madrid, musée Thyssen-Bornemisza. La photo reproduite est réputée libre de droits.
- DOSIO (Giovanni Antonio), la cour du Belvédère selon les projets de Bramante, 1558-1561, dessin.
- LAFRÉRY (Antoine), le palais Caprini, XVIe siècle, gravure. La photo reproduite est réputée libre de droits.
- PALLADIO, la villa Rotonda, 1566-1571, Vicence. La photo reproduite est réputée libre de droits.
- RAPHAËL, *L'École d'Athènes*, 1509-1512, fresque, 500 x 770 cm, Vatican, basilique Saint-Pierre. La photo reproduite est réputée libre de droits.

SOURCES COMPLÉMENTAIRES

- *Bramante, Raphaël, Leonard de Vinci et alii*, documentaire de Robert McLean Quinn, Angleterre, 1990.
- *500 Years of Saint-Peter's*, documentaire de Ingo Langner et Axel Radler, Allemagne, 2009
- *Italian Architecture*, documentaire de Kanopy Streaming, États-Unis, 2014.

www.50minutes.com

Éditeur responsable : Lemaitre Publishing
Rue Lemaitre 6 | BE-5000 Namur
info@lemaitre-editions.com

ISBN ebook : 978-2-8062-6181-6
ISBN papier : 978-2-8062-6182-3
Dépôt légal : D/2015/12603/22
Photo de couverture : © Tempietto di San Pietro in Montorio (1502), par Bramante.

Conception numérique : Primento,
le partenaire numérique des éditeurs